Das alles kannst Du selber machen:

Marzipankartoffeln   Seite 4
Ein süßer Schneemann   Seite 6
Süßigkeiten verpacken   Seite 9
Gebackene Mazipanbrezeln   Seite 10
Gefüllte Datteln   Seite 12
Feigennußkugeln   Seite 14

Allerlei Lebkuchen   Seite 16
Orangengelee   Seite 24
Etwas Herzhaftes   Seite 28
Geschenk in letzter Minute   Seite 29
Geschenkanhänger   Seite 30

W0229466

Marzipankartoffeln

ZUTATEN
- 150 g Marzipan-Rohmasse
- 11 Eßlöffel Puderzucker
- 2 Teelöffel Kakao

Für das Säckchen:
- Jute (Bastelladen)
- Nadel und Faden
- Kordel

Sie sehen wie echte Kartoffeln aus und werden in einem Säckchen aus Jute verschenkt. Fülle sie aber zuerst in eine Cellophantüte – dann bleiben sie länger frisch!

Marzipanrohmasse mit dem Puderzucker verkneten

Eine Rolle formen und einteilen: 9 gleichgroße Stücke

Kartoffeln formen sogroß etwa! ↓

Augen mit dem Zahnstocher hineindrücken

mit Kakao bestreuen und de Rest abklopfe

Kartoffelsack: Stoff zuschneiden + zusammenklappen, nähen

13cm

20cm

dann umdrehen (Nähte nach innen) Kordel durchziehen (Stopfnadel)

6

ZUTATEN
- 100 g Marzipan-Rohmasse
- 7 Eßlöffel Puderzucker
- 50 g Kuvertüre
- Zuckerperlen (Augen)
- Lakritzstäbchen (Nase)
- 1 Zahnstocher

Der Schneemann ist ganz aus Mazipan und kann einen Tannenzweig oder einen Weihnachtsgruß festhalten. Wie du ihn am besten verpackst, siehst du auf Seite 8.

Marzipan mit Puderzucker verkneten! 1

Kuvertüre im Wasserbad schmelzen 2 feuerfeste Schale im Topf

heißes Wasser

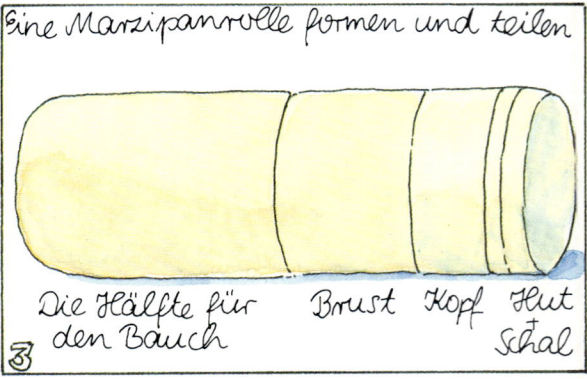

Eine Marzipanrolle formen und teilen

Die Hälfte für den Bauch — Brust — Kopf — Hut Schal 3

Kugeln formen und aufeinander-setzen

innen: Zahnstocher

4

Die Arme heraus-drücken

5

Hut und Schal formen:

Hut kleben ←

Schokolade

Schal

6

Gesicht:

7

Mit Schokolade anmalen (Pinsel und Zahnstocher)

Zum Schluß: Puderzucker-Schnee

Ein süßer Schneemann

Und so wird der Schneemann eingepackt:
Er steht auf einem achteckigen Pappuntersetzer und ist in Cellophan verpackt.

2 gleichgroße Kärtchen ausschneiden: Etwa 3 cm × 4 cm

Beide Seiten bemalen oder beschriften

Zusammenkleben

← Zahnstocher

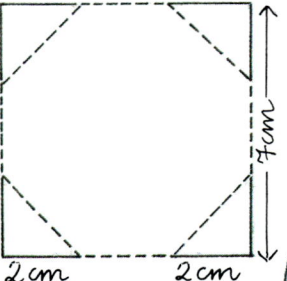

7 cm

2 cm   2 cm

Pappe 7 cm × 7 cm, Ecken abschneiden

Auf der Unterseite des Papptellers das Cellophan mit Tesafilm befestigen.

Schneemann hineinstellen und oben zubinden.

Kleine Süßigkeiten – hübsch verpackt

Selbstgemachte Pralinen, Mazipanbrezeln und andere kleine Sachen werden appetitlich und weihnachtlich verpackt. Im Haushaltswaren-, Schreibwaren- oder Bastelgeschäft gibt es dazu schöne und preiswerte Sachen. Vielleicht hast du selber noch andere Ideen?

Aluförmchen

Tortelett-förmchen

Cellophan

Pralinen-kapseln

Tüte ↑

←Spanschachtel

Papptablett

Gebackene Marzipanbrezeln

10

ZUTATEN
- 200 g Marzipan-Rohmasse
- 14 Eßlöffel Puderzucker
- etwas Fett fürs Blech oder Backpapier

Die Brezeln werden kurz im sehr heißen Ofen goldbraun gebacken. Du kannst sie in einer Spanschachtel verschenken, mußt sie aber vorher in Cellophan oder Alufolie einpacken, damit sie knusprig bleiben.

So groß werden die Brezeln.

Marzipan mit Puderzucker verkneten

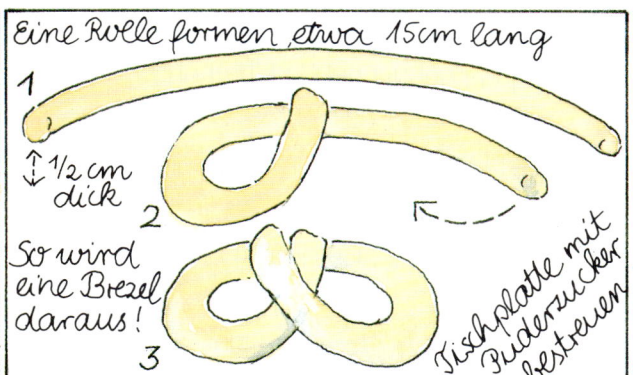
Eine Rolle formen, etwa 15 cm lang

1

½ cm dick

2

So wird eine Brezel daraus!

3

Tischplatte mit Puderzucker bestreuen

Das Backblech einfetten

Die Brezeln darauflegen

Im heißen Backofen bei 250° grad große Hitze

oberste Schiene kurz überbacken

Nach 3–5 Minuten sind die Brezeln goldbraun

herausnehmen

Hübsch verpacken

Kellophan

Du kannst auch Herzen und Sterne ausstechen + backen

½ cm dick ausrollen

ZUTATEN
- 32 Datteln (250 g)
- 100 g Marzipan-Rohmasse
- 3 Eßlöffel Puderzucker
- 1 Eßlöffel Orangeat
- 16 Mandeln oder Walnüsse
- 150 g halbbittere Kuvertüre

Sie schmecken besser als manche gekauften Pralinen und sind leicht zu machen. Noch besser geht's zu zweit: Einer füllt die Datteln, der andere taucht sie in flüssige Schokolade.

Datteln längs ein-
schneiden
← entkernen

1

Marzipan und Puder-
zucker verkneten

2

Orangeat fein
schnitzeln

3

unter das Marzipan
mischen und eine
Rolle formen

4

5 Mandeln mit kochendem Wasser überbrühen

6 Schale abpellen und längs durchschneiden — halbieren

7 Kuvertüre schmelzen Im Wasserbad so: feuerfeste Schale — Topf mit heißem Wasser

8 Inzwischen: Marzipan einteilen, pro Dattel ein Stück. Datteln damit füllen und zusammendrücken

9 Mit dem Zahnstocher in die flüssige Schokolade tunken, kurz abtropfen lassen

10 auf einen flachen Teller setzen (Tortenplatte) Mandeln aufsetzen

11 Nach dem Festwerden vorsichtig lösen oder Messer →

12 Schön verpacken Cellophan und →

Gefüllte Datteln

ZUTATEN

- 8 Feigen (100 g)
- 100 g Rosinen
- 10 Walnüsse
- 100 g gemahlene Nüsse
- 100 g brauner Zucker
- etwas Vanillezucker
- etwas Nelkenpulver
- etwas Zimt
- 1–2 Eiweiß
- 100 g dunkle Schokoladenstreusel

Diese köstlichen Pralinen werden am besten in Aluförmchen verschenkt. Schreibe auf einen Geschenkanhänger dazu: „Bitte kühl aufbewahren und innerhalb von 10 Tagen vernaschen!"

1 — Feigen in feine Scheiben schneiden und würfeln

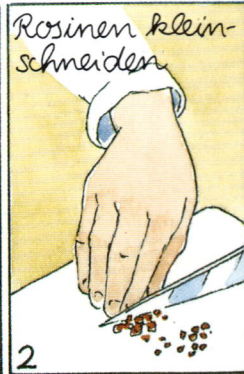

2 — Rosinen kleinschneiden.

3 — Nüsse knacken

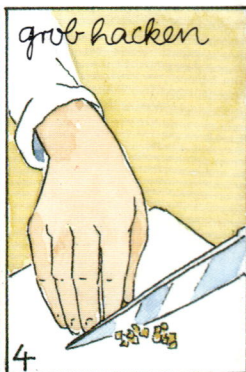

4 — grob hacken

Alles in eine flache Schüssel geben:

Feigen Rosinen Nüsse Zucker Vanillezucker Nelkenpulver Zimt

5

Ei aufschlagen und teilen

Eiweiß   Eigelb

6

Alle Zutaten mit dem Eiweiß verrühren

Eigelb wegstellen

7

Zum Teig verkneten falls er auseinander fällt noch Eiweiß dazutun

8

walnußgroße Kugeln formen

In Schokoladenstreuseln rollen (oder geriebener Schokolade)

10

Schön verpacken mit Cellophan, dann ist das Konfekt gut sichtbar!

11

ZUTATEN
- 50 g Butter
- 175 g brauner Zucker
- 1 Päckchen Vanillezucker
- 1 Ei und 1 Eigelb
- 6 Eßlöffel flüssiger Honig
- je 1 Teelöffel Zimt, Nelken-, Kardamompulver
- 500 g Mehl
- 1 Päckchen Backpulver
- eventuell etwas Milch

Aus Lebkuchenteig kannst du hübsche Sachen zaubern: bunte Engel, süße Herzen und Sterne oder ein Knusperhäuschen zum Aufhängen.

Margarine und Zucker schaumig rühren

Handrührgerät

1

1 Ei aufschlagen

2

Das 2. Ei trennen

Eigelb

Eiweiß für den Guß wegstellen.

3

6 Eßlöffel Honig

Eier   Gewürze

rühren

4

Die Hälfte des Mehls mit dem Backpulver mischen

abwechselnd mit Milch unterrühren (1-3 Eßlöffel)

5

Mit dem Rest des Mehls zu einem Teig verkneten

↓ Mehl

6

sollte er kleben: kühl stellen

Inzwischen: Blech einfetten (Margarine)

7

Teig ausrollen: so dick etwa: ↕ ½ cm

Kuchenrolle auch mit Mehl bestreuen

8

Formen aus- stechen

9

Oder Formen aus Papier mit spitzem Messer ausschneiden ✳

10

Blech damit belegen. Anhänger lochen

← Strohhalm

11

Im Backofen bei 175-200 grad (Gas große Flamme) mittlere Schiene 10-15 Minuten

braun backen

✳ Formen zum Abpausen, bunter Zuckerguß bitte um blättern →

12

Lebkuchen-Anhänger

Sie sind mit Förmchen ausgestochen und bunt
verziert worden. Am Tannenbaum oder
Adventskranz sehen sie besonders schön aus.

Hier die Form für das Haus:
Äußere Linie abpausen, auf Karton
zeichnen und ausschneiden.

Bunte Verzierungen

machen die Lebkuchen-Anhänger erst richtig
schön und reizvoll. Für den Zuckerguß brauchst
du 250 g Puderzucker und 1 Eiweiß. Du kannst
ihn noch mit Lebensmittelfarben oder den
natürlichen Farben verschiedener Tees und
Säfte färben.

starker Malventee = rot
Rote Beetesaft = rot
Spinatsaft = grün
Holunderbeersaft = violett
Safranpulver = gelb

Probiere es vorsichtig mit wenigen Tropfen…
Und keine Angst, der Zuckerguß schmeckt nicht
nach Spinat – die Süße des Zuckers ist stärker!

Zum Verzieren brauchst du außerdem viele
bunte, flache Süßigkeiten (Lakritzstäbchen,
Schokoladenplätzchen, Zuckerherzen, Marzipan-
kügelchen…), Rosinen, Mandeln, Orangeat-
stückchen, Pistazien, Mandelblättchen und
Kuvertüre.

Zuckerguß zubereiten:
Puderzucker eßlöffel-
weise mit Eiweiß
verrühren

Färben
pro Farbe
1 Pinsel

Schokoladenguß (in feuerfester Schale)
Kuvertüre im Wasser-
bad schmelzen

Topf mit
heißem Wasse

Reste kannst Du
wieder schmelzen
und weiterverwen-
den. Es darf aber
kein Wasser
hinein.

Mit guß bestreichen, die Süßigkeiten darauf- kleben.

Augen, Nase, Mund malen Zahnstocher →

oder:

Spitze abschneiden

Zum Abpausen

Die richtige Verpackung

Es ist wichtig, daß du deine kleinen Kunstwerke gut verpackst, damit sie nicht zerbrechen. Am besten nimmst du Pappteller vom Bäcker und Cellophan. So ist alles geschützt und trotzdem gut zu sehen.

Linie auf Pappe nachzeichnen und ausschneiden

Auf die Rückseite etwas schreiben oder malen

Eng mit Cellophan umschließen, mit Tesafilm befestigen. Band durchziehen

Anhänger auf ein Papptablett legen, eng mit Cellophan umhüllen.

Mit Tesafilm festkleben und Geschenkband herumbinden.

Engelanhänger gut verpackt in Cellophan.

ZUTATEN
- 6 Orangen, davon 3 ungespritzte
- 500 g Gelierzucker
- Uhr mit Minutenanzeiger

Nimm drei kleine Gläser mit Schraubdeckel und lege sie in warmes Wasser, damit sich die alten Etiketten lösen. Wenn du umblätterst siehst du, wie „Häubchen" und neue Schilder gemacht werden.

Gläser und Deckel sehr heiß spülen und abtröpfen lassen

sauberes Tuch

Die 3 ungespritzten Orangen abwaschen

= heiß

Die Schale dünn schälen

In schmale Stifte schneiden

Alle 6 Orangen auspressen

Saft durchsieben und abmessen. Es müssen 3/8 Liter sein!

3/8 l

Saft mit Gelierzucker im großen Topf zum Sprudeln bringen

große Hitze

rühren

blubb blubb!

Jetzt: 3 Minuten sprudelnd kochen lassen und umrühren.

kleine Hitze

Nun die Schalenstifte hineingeben

1 Minute kochen

rühren!

nicht länger sonst wird das Gelee bitter!

noch heiß in Gläser füllen

← Schöpflöffel

← bekleckerte Ränder mit einem sauberen Tuch abwischen

Deckel aufschrauben

Das Etikett auch mit dem Datum versehen und aufkleben.

20.12.

Etiketten und Häubchen für Geleegläser

Mit einem selbstgemalten Etikett und einem bunten Stoffhäubchen wird dein fruchtiges Geschenk noch schöner.

Abpausen, auf's Papier übertragen,
ausschneiden und bunt anmalen:

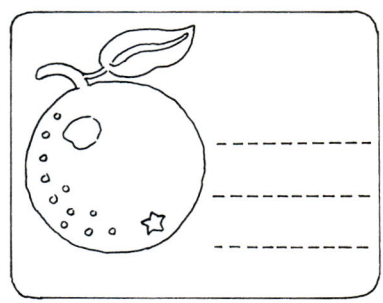

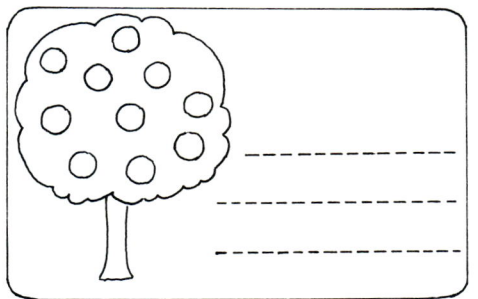

Rundes Häubchen für ein kleines Glas:
Deckel

6,5cm

Untertasse auf den
Stoffrest legen und
(am besten mit der Zackenschere) am
Rand entlangschneiden.

Viereckiges Häubchen 15cm × 15cm
Deckel

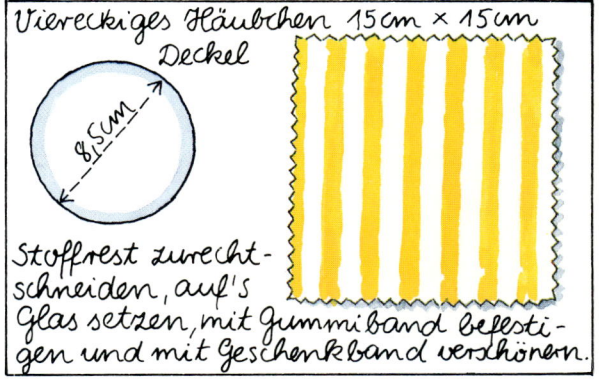

8,5cm

Stoffrest zurecht-
schneiden, auf's
Glas setzen, mit Gummiband befestigen und mit Geschenkband verschönen.

ZUTATEN
- **50 g grüne Pfefferkörner**
- **125 g mittelscharfer Senf**

Dieser scharf-würzige Senf schmeckt jedem, der gerne Wurst und Fleisch ißt. Schreibe auf den Geschenkanhänger: „Im Kühlschrank 3 Monate haltbar!" Hübsch sieht es aus, wenn du das Glas mit einem karierten Häubchen schmückst.

Senf mit
grünem Pfeffer
hergestellt: Dez 85
3 Monate im
Kühlschrank
haltbar

1. grüne Pfefferkörner im Mörser zerstoßen (o. zerdrücken mit der Gabel) — ein paar zurückbehalten

2. Mit dem Senf verrühren

3. In saubere kleine Gläser füllen, obendrauf Körner

4. Mit einem Deckel oder Einmachhaut verschließen

Geschenk in letzter Minute

Verschiedene, nicht zu große Süßigkeiten werden in Goldpapier verpackt und mit Goldband zugebunden. Dann knotest du alle Päckchen an eine Kordel, und schon hast du eine glänzende Überraschungskette zum Verschenken und Vernaschen!

einschneiden

MATERIAL
- Kartoffeln
- festes Papier
- Wasserfarben
- Schere
- Locher
- Geschenkband

Zu manchen Geschenken mußt du etwas hinzu-
schreiben, zum Beispiel bei den Feigennußkugeln
oder beim Senf. Dazu kannst du dir selber
Schildchen drucken und diese dann an das
Geschenk binden. Der Stempel wird aus einer
Kartoffel gemacht.